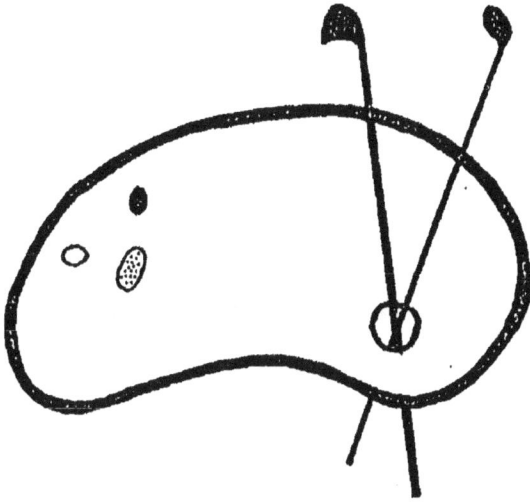

DEBUT D'UNE SERIE DE DOCUMENTS
EN COULEUR

QUESTIONS SCIENTIFIQUES

A. de LAPPARENT

de l'Académie des Sciences.

La Providence

Créatrice

BLOUD & Cie

BLOUD & Cie, Éditeurs, 4, rue Madame, Paris (VIe)

DU POSITIVISME
AU MYSTICISME

Étude sur l'inquiétude religieuse contemporaine

par

Jules Pacheu

Prix : 3 fr. 50 ; *franco*.......... 4 fr.

Si, à l'aube du xixe siècle, Lamennais a pu écrire avec une parfaite opportunité un *Essai sur l'indifférence religieuse*, M. Pacheu estime que, pour définir l'état d'âme contemporain, c'est plus exactement *d'inquiétude* qu'il convient de parler : cette simple opposition marque assez le chemin parcouru. Le présent livre en relève les étapes. C'est en vain que le *positivisme* se flattait d'exclure le souci de Dieu. Il n'a pu vivre sans s'adjoindre une sorte de *mysticisme humanitaire* avec A. Comte, *naturiste* avec H. Spencer, qui se prosterne devant l'incommaissable, ou avec Guyau qui rend un culte au Grand Tout des monistes. Insuffisantes à combler le vide de nos âmes, ces doctrines aboutissent au bas fond de désespérance où le *Pessimisme* se présente comme le seul guérisseur. De ce Pessimisme *l'ascétisme de Schopenhauer* donne la formule la plus philosophique et, semble-t-il, la plus efficace, inaccessible cependant à l'âme moyenne, plus encore à l'âme des foules, à peine donne-t-il satisfaction à quelques adeptes d'élite dont il fait des stoïques à la Taine. Et c'est alors, marquée par le *dilettantisme* de Renan, par l'*individualisme nietzschéen* et par l'*évangélisme sentimental de Tolstoï*, la réaction contre l'état d'âme pessimiste... Parallèlement à ces manifestations plutôt théoriques de l'inquiétude religieuse, l'*ésotérisme* présente des solutions plus obvies de l'angoissant problème. Ainsi s'expliquent le triomphe de la *théosophie*, de l'*occultisme*, du *spiritisme*... Tel est, exquissé à à grands traits, le sujet que l'auteur étudie ici dans le détail, en psychologue, en critique, en écrivain. Un chapitre final — et particulièrement éloquent — montre dans le Christianisme intégral et orthodoxe le parfait épanouissement de cette *vie intérieure* dont le xixe siècle fut assoiffé et qui là seulement est pleinement réalisée.

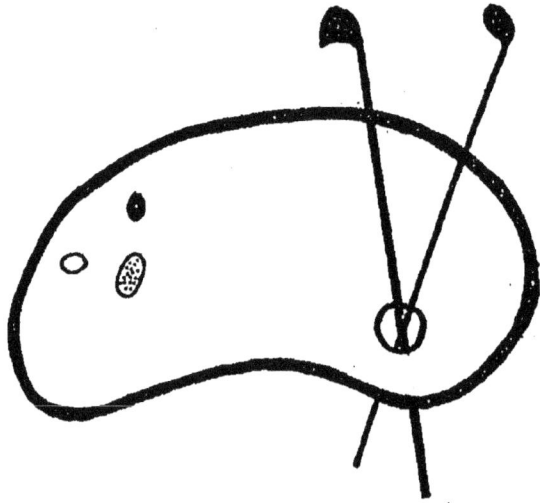

FIN D'UNE SERIE DE DOCUMENTS
EN COULEUR

SCIENCE ET RELIGION

Études pour le temps présent

LA PROVIDENCE CRÉATRICE

PAR

A. DE LAPPARENT

de l'Académie des Sciences.

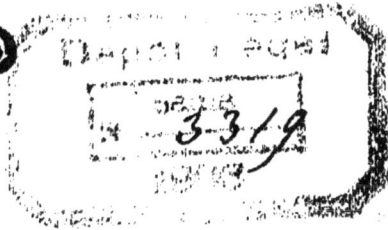

PARIS

LIBRAIRIE BLOUD & Cie

4, RUE MADAME, 4

1907

Reproduction et traduction interdites.

DU MEME AUTEUR

INTRODUCTION

L'opuscule qu'on va lire est le développement d'une conférence faite, au mois de mai 1906, devant l'Assemblée générale de l'Œuvre des Églises et Chapelles pauvres du diocèse de Paris. Convié à traiter un sujet scientifique en présence du Comité de patronage d'une association qui se propose de multiplier, là où ils font encore défaut, les locaux où peut s'accomplir le bienfaisant mystère de la Présence Réelle, l'auteur de *Science et Apologétique* a pensé que ses auditeurs recevraient peut-être un accroissement de zèle, si l'on s'attachait à leur montrer quelle sollicitude providentielle a présidé à la préparation de la demeure terrestre de notre humanité.

Son effort ayant paru goûté de l'auditoire, on a cru qu'il pourrait être intéressant de répandre cet exposé, propre à raviver la gratitude envers le souverain Auteur de toutes choses, au moins de la part de ceux qui, s'inclinant devant la notion de Providence, aiment à penser que ce n'est pas un aveugle hasard qui conduit le monde. On y a seulement ajouté quelques détails, que le temps accordé pour la conférence n'aurait pas permis de développer.

Si quelques-uns des passages de l'opuscule peuvent se retrouver çà et là dans *Science et Apologétique,* du moins l'ensemble forme une thèse autonome et indépendante, avec enchaînement logique des diverses parties. On s'est efforcé d'y condenser toutes les notions d'ordre scientifique susceptibles de mettre en lumière le dessein poursuivi par Celui que les francs-maçons eux-mêmes aimaient à proclamer « le grand Architecte de l'Univers », à l'époque où ils n'avaient pas encore jugé à propos de jeter bas tous les masques, pour s'abandonner à la fureur antireligieuse qui seule les possède aujourd'hui.

LA PROVIDENCE CRÉATRICE

L'ordonnance générale de notre demeure terrestre.

Pendant longtemps l'homme n'a possédé, de sa demeure terrestre, qu'une connaissance très incomplète. D'immenses territoires restaient, les uns inexplorés, les autres interdits aux Européens. Les voyages étaient difficiles, et d'ailleurs très peu d'explorateurs eussent été en mesure d'apporter à leur tâche une préparation scientifique suffisante, puisque la plupart des disciplines de la Science en étaient encore à se constituer. Aussi les voyages célèbres d'autrefois n'étaient-ils d'ordinaire déterminés que par la recherche de quelque avantage matériel ou politique immédiat, soit la découverte d'une terre destinée à accroître le domaine d'une nation, soit l'établissement de relations commerciales avantageuses, soit enfin la curiosité de connaître des races d'hommes ayant des traditions ou des usages différents des nôtres.

Il n'y a guère plus d'une centaine d'années qu'on a pu voir des voyageurs se mettre en route avec le seul dessein de mieux connaître la nature, abstraction faite de ceux qu'elle abrite, et dans la pensée de se pénétrer de l'ordonnance générale, du *Cosmos*, que révèle l'analyse de ses divers éléments.

Peu à peu, à mesure que les diverses sciences progressaient, ces notions générales se sont précisées, et les grandes lignes de l'édifice terrestre ont commencé à être entrevues. Au début, c'était seulement l'état présent de la surface qu'on avait en vue ; mais en s'attachant à le bien définir, on s'est rapidement aperçu que ce présent n'était que le dernier terme d'une longue histoire, susceptible d'être déchiffrée à l'aide de documents, comparables aux hiéroglyphes des anciennes civilisations, mais d'une valeur infiniment supérieure ; car on n'avait pas à y redouter d'altérations ni de mensonges. Mieux cette histoire était connue, plus elle devenait intéressante, en déroulant devant notre esprit un enchaînement d'épisodes infiniment variés, dont chacun préparait ceux qui devaient suivre.

C'est de cette succession ordonnée, où

semble si bien se révéler le dessein d'adapter
progressivement la terre aux besoins de
l'homme, que nous nous proposons de donner
une idée. Mais, pour y mieux réussir, nous
jetterons d'abord un coup d'œil sur l'ordonnance actuelle de notre demeure. On appré-
ciera mieux ensuite l'enchaînement des circonstances par lesquelles cette ordonnance
a pu être réalisée.

On sait que les anciens avaient coutume
de distinguer dans la nature ce qu'ils appe-
laient les *quatre éléments :* à savoir la terre,
l'eau, l'air et le feu.

Aujourd'hui cette énumération provoque-
rait plus d'un sourire, et la science moderne
aurait beau jeu à critiquer cette qualification
de substances, attribuée à des entités aussi
différentes que l'eau, composé complexe, et
le feu, qui n'est qu'une forme d'énergie. Mais
s'il ne s'agit pas ici d'*éléments* au sens chimique du mot, c'est-à-dire de substances
indécomposables, et que pour ce motif on
soit autorisé à considérer comme *simples*, il
n'en est pas moins vrai que les anciens
avaient été parfaitement bien inspirés de
reconnaître, dans les quatre termes de cet
ensemble, les fondements principaux de notre
existence terrestre.

Le premier, c'est la terre, notre support, où s'enracinent les végétaux dont nous faisons notre première nourriture, en même temps qu'elle renferme dans son sein tous les matériaux nécessaires au développement de la civilisation. Ensuite vient l'eau, véhicule obligatoire de toutes les réactions, chimiques ou physiologiques, et dont l'importance était si bien connue des anciens qu'ils la proclamaient dans l'adage : *Corpora non agunt nisi soluta ;* l'eau, si indispensable pour nous, que le supplice de la soif est regardé comme plus terrible encore que celui de la faim, et que le régime du désert règne dans toute son horreur, là où le précieux fluide fait défaut. Quant à l'air, sans lequel ni les animaux ni les plantes ne peuvent vivre, il est à la fois le précieux réservoir de la chaleur versée par le soleil et l'intermédiaire de tous les échanges qui doivent s'accomplir entre l'élément solide et l'élément liquide. Enfin le feu, c'est l'ensemble de la lumière et de la chaleur, source de toutes les énergies, agent essentiel des transformations de tout genre qui constituent le mouvement et la vie. On peut donc dire que c'est par l'intime collaboration de l'eau et du feu, qu'appuyés sur la terre ferme et baignés par le milieu aérien, naissent et croissent ces végétaux qui deviennent le fondement de l'existence des êtres animés.

Donc, pour que le monde soit habitable pour l'humanité, il faut que la surface du séjour qui lui est assigné soit convenablement partagée entre la terre ferme, domaine propre de l'homme et l'océan, réservoir de l'élément liquide. Cet océan joue d'ailleurs un autre rôle, celui de moyen facile et économique de communication, le long de rivages, qui se montreront d'autant plus aptes à remplir cette fonction civilisatrice, qu'ils offriront des contours plus découpés.

Ensuite il convient que ces deux surfaces soient enveloppées par une atmosphère assez ample pour garder une composition moyenne invariable, malgré les changements incessants qui s'accomplissent dans son sein ; assez mobile pour se renouveler aisément d'un point à un autre ; assez ténue pour n'offrir aucun obstacle aux rayons qui la traversent ; assez dense pourtant pour emmagasiner, au profit des êtres vivants, comme un précieux régulateur, la lumière et la chaleur qu'elle reçoit. Enfin il faut qu'un clair soleil illumine périodiquement les diverses parties de cet ensemble, laissant à l'homme, pendant sa disparition nocturne, le temps de réparer les forces dépensées durant le labeur du jour.

Ces conditions une fois réalisées, le grand mécanisme terrestre entre de lui-même en jeu. En effet, les rayons du soleil, échauffant la partie la plus basse et par conséquent la plus dense de l'atmosphère, entretiennent une couche chaude au-dessus du grand réservoir maritime. Cette chaleur suffit à vaporiser une fraction de l'eau du réservoir et à la répandre en vapeur dans les couches d'air les plus voisines. Mais ce n'est pas là que cette vapeur peut être utile ; c'est sur la terre ferme que son action bienfaisante doit pouvoir s'exercer. Il faut donc qu'elle y soit transportée.

Ce voyage lui sera facile ; car le fluide aérien est si mobile, que la moindre différence de température, entre deux de ses points, suffit à déterminer un transport de la partie froide vers la région échauffée.

Or cette différence de température a partout de multiples raisons de se produire. Non seulement, à mesure que le soleil baisse sur l'horizon, la chaleur versée par lui en chaque endroit diminue. Mais cette diminution porte d'une manière inégale sur les divers points de la surface, et, pour une même provision de chaleur envoyée, ces mêmes points peuvent se trouver très inégalement partagés.

En particulier, il y a sous ce rapport une grande différence entre la terre ferme et la mer. La première s'échauffe immédiatement, dès que les rayons du soleil la frappent sans obstacle. Au contraire, avant que la température de la mer puisse s'élever, il faut que la nappe liquide ait d'abord fourni à l'atmosphère ambiante toute la quantité de vapeur que celle-ci peut porter ; et, pour s'accomplir, cette vaporisation absorbe une énergie calorifique qui reste ainsi latente, selon le langage adopté, pour ne reparaître que quand l'abaissement de la chaleur antérieure entraînera la condensation d'une partie de la vapeur formée.

Cette dernière exécute donc, entre la nappe liquide et les premières couches atmosphériques qui la baignent, un perpétuel voyage, au cours duquel elle diminue par sa formation la chaleur du jour, tandis qu'elle atténue par sa condensation le froid de la nuit. De là le rôle bien connu de régulateur que joue la surface des mers, en assurant aux régions voisines le bénéfice d'un état calorifique beaucoup plus constant que celui des autres pays.

Au contraire, la terre ferme subit, nous l'avons dit, un échauffement immédiat, mais dont la mesure est très variable, étant partout en rapport avec la nature du terrain, son altitude et son exposition. Une roche foncée s'échauffe plus qu'un terrain de couleur claire, une surface sèche plus vite qu'une aire humide. En outre, s'il s'agit d'une région où la neige puisse couvrir le sol, aussi longtemps qu'elle y demeure, le terrain sous-jacent ne reçoit plus aucune chaleur, tout ce qui arrive étant employé à fondre de la neige sans pouvoir élever sa température.

Grâce à cette constante et universelle variété, l'atmosphère se divise, à tout moment, en une multitude de colonnes diversement échauffées. Elle est donc en état d'équilibre perpétuellement instable, ce qui se traduit par ces déplacements de masses d'air qu'on appelle les vents, et qui ne cessent de brasser l'atmosphère en la vivifiant. Et comme, en moyenne, du moins pendant la bonne saison, la terre ferme s'échauffe plus que la mer, les continents deviennent des sortes de foyers d'appel, attirant vers eux les masses atmosphériques qui se sont saturées d'humidité au-dessus de la mer. Et voilà comment, juste au moment où la végétation est assurée de trouver à son service l'énergie calorifique nécessaire, les vents vont y ajouter l'élément non moins indispensable de l'humidité.

Pourtant, si la terre ferme était plate, cet afflux d'air humide serait loin d'exercer tout l'effet bienfaisant dont il contient le germe. Une brise marine caresserait les rivages ; mais ce ne serait pas assez pour ce que réclame la croissance des végétaux. Heureusement les inégalités du relief, en se dressant partout en travers des vents, agissent sur les masses d'air de façon à en exprimer toute l'humidité. Dès que ces masses en viennent à heurter une ligne de hauteurs, elles sont obligées de s'élever pour la franchir. Or, à mesure qu'on monte, l'air se raréfie et, par cela seul, devient moins chaud, si bien qu'en moyenne la température s'abaisse d'un degré par 200 mètres d'altitude. L'air humide se refroidit donc au contact de ces couches moins denses, et comme, d'autre part, en vertu des lois de la physique, sa propre dilatation suffit déjà pour lui infliger une perte de température, ces deux causes réunies provoquent une plus ou moins abondante condensation de vapeur.

Le plus souvent, cette condensation se fait sous forme de pluie. Chaque point de la terre ferme en reçoit ainsi une certaine quantité, et en réunissant toutes les observations sur ce sujet, on a pu calculer que, si cette quantité était uniformément répartie sur toute la surface, et ne subissait aucune perte, elle formerait, au bout d'une année, sur les continents, une couche d'eau ayant à peu près 84 centimètres de hauteur.

De la pluie qui tombe, une partie féconde immédiatement la surface du sol et est absorbée par la végétation ; une autre s'écoule en filets, dont la réunion forme des ruisseaux, puis des rivières ; une troisième s'infiltre dans les interstices du terrain ou dans les fissures des roches, s'y rassemble dans des canaux invisibles où elle accomplit parfois un long parcours, et finit par reparaître au jour en sources limpides, fraîches et constantes, autour desquelles les populations se grouperont de préférence. Le produit de ces sources s'épanche dans les vallées, où sans cela l'eau de ruissellement ne coulerait que lors des averses ; et ainsi se constitue, pareil au réseau des veines sanguines de notre organisme, un vaste système fluvial, tout le long duquel l'eau distribue la vie, le mouvement et la force, en attendant qu'elle retourne à l'océan d'où elle est issue.

Mais il y a des parties de la surface terrestre où cette bienfaisante circulation serait sans objet ; ce sont les massifs montagneux, que leur altitude rend inhabitables et impossibles à cultiver. Or ce sont précisément les régions qui, par l'ampleur et la brusquerie de leur relief, seraient le plus propres à déterminer la condensation de la vapeur. Celle-ci va-t-elle s'accomplir brusquement, inondant les pentes raides de masses d'eau, qui se précipiteront dans les vallées en les ravageant sans pitié ?

En aucune façon. Sur ces hauteurs, la pluie prendra la forme de neige fine. Cette neige, s'accumulant en grandes masses dans les cirques montagneux, s'y transformera peu à peu en glace. Or, sous ses apparences de mort et d'immobilité, la glace cache en réalité les aptitudes d'un véritable fleuve, mais d'un fleuve qui marche une centaine de mille fois moins vite que s'il était liquide. Ainsi, par degrés insensibles, la glace descend, jusqu'à ce que son extrémité atteigne des régions où la température suffit, à tout moment, pour fondre autant de glace qu'il en arrive. Alors, de cette extrémité on voit sortir un torrent, source d'une grande rivière, assurée désormais d'une alimentation constante ; car c'est en été, juste à l'époque où la sécheresse serait le plus à craindre, que le cours d'eau reçoit par la fusion de la glace son meilleur contingent. Grâce à ce retard, infligé par la forme neigeuse à la partie de la vapeur condensée qui ne pourrait pas trouver, sur place, d'emploi profitable à la végétation, la régularité du grand système circulatoire continental se trouve garantie de la meilleure façon.

Les voilà donc définies, les conditions de notre habitation dans ce monde : une terre ferme d'une étendue suffisante et d'un relief varié, assez découpée pour qu'aucun de ces points ne soit à une trop grande distance de la mer ; un réservoir maritime assez vaste pour que son niveau ne souffre pas des emprunts momentanés que lui fait la chaleur du soleil ; enfin une distribution géographique qui facilite partout l'accès et la circulation de la bienfaisante humidité.

Ce n'est pas tout ; et puisqu'à coup sûr le développement progressif de la civilisation était dans le plan divin, il convenait que, dès sa prise de possession par l'être destiné à en devenir le maître, la terre ferme se trouvât pourvue de tout ce que réclame la mise en valeur normale de ce domaine. Elle devait donc contenir dans ses profondeurs des matériaux de construction variés, les uns plus particulièrement résistants, les autres faciles à travailler, pour la construction et l'ornementation des édifices ; des minerais, d'où l'homme apprendrait à extraire les métaux ; enfin ces mille substances, dont chacune deviendrait un jour l'aliment d'une branche spéciale d'industrie.

Maintenant, pourquoi tout cet ensemble de conditions n'aurait-il pas été réalisé, dès l'origine, tel qu'il est aujourd'hui ? Assurément le Créateur aurait pu, d'un acte de sa volonté, disposer les choses de cette façon, et amener d'un seul coup notre terre au degré de complication et de perfection qu'exigeaient les convenances de l'humanité future. Mais la Providence n'agit pas à la façon d'un Cagliostro ou d'un enchanteur Merlin. La baguette magique n'est pas son instrument favori et, pour nous mieux servir de modèle, il lui plait de nous faire souvenir, en toute occasion, que son œuvre, constamment imprégnée d'ordre et d'harmonie, s'accomplit « avec nombre, poids et mesure ». Ce n'est donc pas en un instant, mais très progressivement, que la surface terrestre a conquis sa forme actuelle, et l'histoire de cette conquête se montre pleine de précieux enseignements.

LA PROVIDENCE CRÉATRICE

L'évolution de la surface terrestre.

Non seulement l'évolution de la surface terrestre a été admirablement ordonnée ; mais pour mieux faire ressortir l'harmonie et l'unité de la Création, l'histoire de notre terre n'a cessé d'être intimement liée à celle du monde planétaire dont elle est un des plus humbles éléments.

Selon toute probabilité, la terre est un fragment détaché d'une masse initiale, à l'état de nébuleuse, dans laquelle se trouvait originairement concentrée toute la masse et toute l'énergie du système solaire. La plus grande partie de beaucoup de cette masse, par sa condensation progressive, a fini par former le brillant soleil que nos yeux ont de la peine à contempler aujourd'hui. Mais, au cours de cette condensation, des portions de la nébuleuse ont réussi à s'affranchir du mouvement qui les ramenait vers le centre, tout en gardant l'obligation de tourner autour de ce dernier. Puis, se condensant à leur tour, elles ont donné naissance aux planètes et à leurs satellites.

Ainsi est née la terre ; et au début ce devait être un astre brillant d'une lumière propre ; mais ses petites dimensions la défendaient mal contre le rayonnement. De l'état gazeux, elle a passé bien vite à la condition liquide, pour se revêtir ensuite d'une écorce solide, composée des matériaux les plus légers et les plus réfractaires parmi ceux que contenait le noyau en fusion ; ce noyau lui-même, d'après tout ce que nous en connaissons, devant former une masse métallique où domine le fer.

L'écorce solide une fois constituée, et devenant une enveloppe pierreuse, la très mauvaise conductibilité des roches dont elle se composait, jointe au refroidissement extérieur, de plus en plus accentué, lui a rapidement fait perdre sa haute température initiale ; absolument comme, sur une coulée de lave volcanique, le contact de l'air suffit pour faire naître une croûte plus ou moins incohérente, à la surface de laquelle on peut quelquefois s'aventurer, bien que la lave reste bouillante quelques décimètres plus bas. L'écorce terrestre est donc devenue obscure, emprisonnant au-dessous d'elle un précieux réservoir d'énergie intérieure, que sa protection allait défendre, pendant une suite incalculable de siècles, contre une trop rapide déperdition.

Mais, tout en accomplissant ce rôle protecteur, la croûte du globe restait fort mince en comparaison du noyau. De plus, elle était hétérogène, n'offrant pas partout la même composition ni la même résistance ; d'autant mieux que, par suite de la rotation terrestre, les conditions de la formation de l'écorce n'avaient pas dû être les mêmes à l'équateur, où la surface tournait très vite, et aux pôles, où elle était presque immobile. On comprend donc qu'il se soit rapidement dessiné à sa surface des parties faibles et des parties résistantes, les premières tendant à s'affaisser, tandis que les autres demeuraient en saillie.

En même temps, et en raison même des progrès du refroidissement, toute l'eau de nos océans, primitivement répandue en vapeurs dans une atmosphère brûlante, se précipitait dans les creux de l'écorce en donnant naissance à la mer. Quant aux protubérances, destinées à former les noyaux des futurs continents, il y a tout lieu de croire qu'elles devaient être, au début, composées de ces roches, qu'on rencontre toujours à la base de toutes les autres, et qui s'appellent le granite et les schistes cristallins ; roches particulièrement infertiles et rebelles à la culture, comme on s'en assure trop bien en parcourant les régions où elles affleurent encore, par exemple dans le Plateau Central de la France et les Cévennes, où elles ne portent guère que des landes et de maigres bois.

Dès le premier instant, la circulation de l'air et de la vapeur dut s'établir entre l'océan aux rivages incertains et une terre ferme encore très peu stable. Pendant que les mers, rapidement refroidies, en vertu de la mauvaise conductitilité de l'écorce, se peuplaient d'êtres vivants, les premiers organismes terrestres, animaux ou végétaux, commençaient à se montrer sur les continents, grâce à l'action de la pluie et à celle des eaux courantes, dont le réseau se constituait peu à peu, à mesure que se creusait le lit des rivières.

Mais pour que ce creusement portât tous ses fruits, en donnant naissance à cette harmonieuse circulation fluviale dont nous profitons aujourd'hui, il aurait fallu que l'écorce fût déjà en possession d'une suffisante stabilité ; car, si de nos jours les lits des rivières sont si bien combinés, que la pente diminue régulièrement de l'amont à l'aval, jusqu'à devenir négligeable au voisinage des embouchures maritimes, c'est parce que, pendant tout le temps que les cours d'eau ont employé à creuser leurs lits, le niveau de l'océan demeurait fixe, offrant ainsi, à l'œuvre

de l'érosion, un *niveau de base* en conformité
duquel tout devait se régler.

Il n'en pouvait être ainsi au début, l'écorce,
trop mince, n'ayant pas encore conquis son
assiette. D'autre part, si le granite et les
schistes cristallins convenaient bien à cette
première croûte, qui réclamait le plus vite
possible une suffisante solidité, ils n'auraient
pu offrir à la culture, comme nous l'avons
déjà remarqué, que des surfaces rebelles. Il
importait donc que le sol de la terre ferme
vînt à subir des remaniements qui le ren-
draient plus utilisable. Ces remaniements ont
été précisément l'œuvre des rivières cher-
chant à creuser leurs lits, œuvre qu'il est aisé
d'apprécier en examinant ce qui se passe
encore sous nos yeux.

Si l'eau courante accomplit à la surface
l'œuvre bienfaisante dont profite la vie végétale et animale, elle n'entend pas travailler à
titre proprement gratuit. Il faut que son obli-
gée, la terre ferme, lui paye en retour un tribut de nature toute spéciale.

On connaît l'histoire classique du juif de
Shakespeare, l'implacable Shylock. Ne pou-
vant obtenir le paiement de ce qu'il a prêté, il
exige du moins que son malheureux créancier
lui livre un lambeau de sa chair ! C'est ainsi

que procède l'eau courante. A la terre ferme, en échange de l'immense service rendu, elle réclame un morceau de sa propre substance.

Mais combien cette exigence est différente de celle du juif de la tragédie ! Celui-ci recherchait une brutale satisfaction de vengeance féroce. Le tribut qu'elle réclame, l'eau courante va l'employer, dans l'intérêt même de la future terre ferme, à l'édification d'assises nouvelles, qui viendront un jour s'y incorporer avec avantage.

Si, après chaque averse, on regarde les rigoles qui sillonnent le sol, on les voit débitant une eau boueuse, c'est-à-dire chargée de particules solides, produit de la dégradation du terrain que les eaux ont raviné ; à quoi se joint une part invisible, presque aussi considérable par le fait, celle des substances que l'eau d'infiltration dissout dans ses parcours souterrains. Et tout cela descend, descend toujours, pour aboutir au grand réservoir de la mer. C'est de cette façon que, dans les cavités océaniques, ou tout au moins sur leurs bords, où l'action destructive des vagues vient s'ajouter à ce transport, ont commencé à s'accumuler dès la première heure des *sédiments,* c'est-à-dire des amas réguliers de matières provenant de la dégradation des granites primitifs. Ce sont surtout des sables et des masses argileuses qui se forment dans ces conditions. Quant aux matières dissoutes, où la chaux joue le principal rôle, elles ont la vertu de surexciter dans les mers l'activité d'une foule de petits êtres, spécialement des coraux ou polypiers, qui s'emparent de la chaux en excès. Ainsi se construisent, par l'accumulation progressive des squelettes de ces organismes, des masses calcaires, qui peu à peu deviennent compactes, identiques avec celles que, de nos jours, on voit arriver en énormes quartiers, des carrières de la Lorraine, de la Bourgogne ou du Poitou, pour servir à la construction de nos maisons et de nos monuments.

Ainsi le tribut exigé de la terre ferme est à coup sûr bien employé, dans l'intérêt même de ceux qui l'habiteront. Mais ce n'est pas tout, et ceux-là ont une raison de plus de se féliciter que cette contribution soit exactement payée : car de la régularité avec laquelle elle s'acquitte dépendront justement le charme des paysages et l'agrément du séjour continental.

En effet, c'est grâce à l'incessant travail des filets d'eau creusant leur lit que la surface terrestre, irrégulière et monotone à l'origine,

a vu se constituer le réseau harmonieux des
vallées qui l'accidentent. Partout, en vertu
de ce grand principe de la moindre action,
qui règle toutes les manifestations de la
Sagesse Créatrice, les agents naturels ont
cherché d'eux-mêmes à réaliser les conditions
de l'équilibre stable. Les pentes des versants
se sont régularisées peu à peu, et les cours
d'eau, triomphant à la longue des obstacles
qui pouvaient en entraver le cours, ont sans
relâche employé l'excès de leur force vive à
adoucir leur profil, jusqu'à ce que fût réalisé
cet idéal, atteint lorsque la pente de l'eau courante devient juste suffisante pour lui per-
mettre de vaincre le frottement de son lit. A
ce moment, on dit que la surface a reçu un
modelé parfait, et la caractéristique de ce modelé est que partout, à tout moment, chaque
goutte d'eau qui tombe et n'est pas absorbée
par le sol se voit conduite, par le chemin le
plus court, aux canaux qui l'entraineront
dans le grand réservoir océanique.

De cette façon, après une période où le
relief d'une contrée a manifesté sa *jeunesse*
par l'excessive impétuosité des rivières, la
raideur excessive des pentes et le trop grand
nombre des cascades et des rapides, arrive cet
âge mûr qui correspond au modelé parfait, et

comporte les conditions les plus favorables pour la mise en valeur d'un territoire par l'activité humaine.

Malheureusement, pour le modelé comme pour les êtres vivants, à l'âge mûr succèdent la vieillesse et même la décrépitude ; c'est-à-dire l'atrophie des hauteurs constamment rongées par la pluie, l'obstruction des cours d'eau par leurs propres alluvions et par les dunes des embouchures, en un mot l'indécision croissante d'un relief de plus en plus amoindri par la persistance d'un travail de dégradation, dont les éléments ne cessent d'être guettés par la pesanteur. Le résultat final serait la mort de la terre ferme.

Cette conclusion peut paraître étrange, quand on réfléchit à la faiblesse du tribut exigé de la terre ferme, tel qu'il nous est loisible de l'apprécier. Des mesures habilement conduites ont démontré que, de ce chef, les continents ne perdaient pas, chaque année, beaucoup plus de la *cinq millionième* partie de leur masse, c'est-à-dire de leur capital ; proportion bien infime, à laquelle nul impôt, même non progressif, n'a encore songé à descendre. Mais un million d'années est en réalité peu de chose dans la longue histoire du globe terrestre. Par conséquent, si le tribut

continuait à être indéfiniment payé, il arrive-
rait fatalement un temps où, à force de se
débiter miette par miette, la terre ferme n'aurait plus aucun relief appréciable. D'autre
part, pour compenser la place de plus en plus
grande, occupée dans leur sein par les débris
des continents, les océans gagneraient de
proche en proche sur ceux-ci. A la longue,
il ne resterait plus ni éminences ni surfaces
habitables, et les sédiments formés seraient
de plus en plus enfouis sous les eaux de cette
couverture marine grandissante. Alors tout
le mécanisme terrestre serait contraint de
s'arrêter, et cela bien longtemps avant que
notre future demeure eût achevé de recevoir
les compléments nécessaires à sa destination.

Que faut-il pour que ce danger soit évité ?
Simplement que l'écorce terrestre soit expo-
sée à des déformations périodiques, dont chacune ressusciterait l'action, prête à s'endor-
mir, des puissances que nous venons de voir
à l'œuvre. C'est précisément ce qui a lieu, et
cela grâce à l'intervention de ce noyau igné,
que nous avons perdu de vue depuis la formation de l'écorce.

Rôle de l'énergie interne.

Les étapes de l'évolution terrestre.

Le principe de la variation, qui va rendre si intéressante l'histoire des étapes de l'évolution terrestre, réside dans cette provision interne d'énergie, qu'un admirable dessein providentiel a, dès la première heure, enfermée sous l'écorce obscure. Si bien emprisonné qu'il soit, et si faible que soit la conductibilité de la croûte, le noyau ne peut manquer de voir, à la longue, sa chaleur se dissiper pour se perdre dans l'espace glacé qui nous entoure. Par l'effet de cette perte de chaleur, et en conformité d'une propriété générale de la matière, le noyau se contracte ; et comme ce mouvement ne peut être partagé par l'écorce, dont l'équilibre de température est depuis longtemps acquis, l'enveloppe se déforme, parce qu'elle est insuffisamment soutenue. De cette déformation infligée, à une masse dont les diverses parties sont inégalement résistantes, résultent ici des plis, là des cassures. Dans ce dernier cas, les matières qui bouillonnent encore sous l'écorce, et parmi lesquelles il y a une forte proportion de gaz, profitent de l'occasion qui leur est offerte

pour se dégager et sortent plus ou moins
tumultueusement par les fissures, soit à l'état
de laves, soit sous la forme de débris projetés ;
et cette sortie de matières internes vient
encore accentuer la réduction de volume du
noyau et, par suite, la faculté de déformation
de la croûte.

Sous ces influences, le relief continental,
sans cesse atténué par le travail des eaux
courantes et des vagues, est périodiquement
ressuscité, par les mouvements de l'écorce
comme aussi par les éjaculations volcaniques
qui s'y superposent. En conséquence, les
contours des mers se modifient ; une partie
des sédiments déjà formés émerge et vient
s'incorporer à la terre ferme, après avoir
subi, au préalable, au sein du milieu liquide
qui l'a longtemps abritée, des transformations
propres à en faire des roches dures en assises
régulières.

Par suite de la fréquente répétition de ces
phénomènes, la géographie de la surface
traverse une série indéfinie de cycles, au
cours desquels elle tend à se compliquer de
plus en plus. Pendant ce temps, le soleil ne
reste pas invariable. L'ancienne nébuleuse,
d'abord infiniment dilatée, se contracte peu à
peu, devenant plus lumineuse, à mesure que

cette concentration progresse ; et ainsi, une cause extérieure de changement continu dans les conditions physiques vient s'ajouter aux actions que fait naître la constante déperdition de l'énergie intérieure.

C'est grâce à cette circonstance qu'au lieu d'offrir la répétition monotone de phénomènes toujours identiques, l'évolution de la surface laisse apercevoir une marche progressive dont le sens n'est jamais renversé. Du moins cette marche se trahira-t-elle clairement par le progrès continu du monde organique, destiné à se rapprocher de plus en plus des conditions actuelles, celles qui conviennent à l'être destiné à devenir le couronnement de la Création.

L'histoire des étapes successives de notre demeure terrestre peut se reconstruire sans que l'imagination y ait aucune part. Elle nous a été fidèlement transmise, grâce à des témoins de chacune de ces phases, qu'on retrouve aujourd'hui disséminés dans le sein de l'écorce. Ce sont les *fossiles*, c'est-à-dire les restes, maintenant pétrifiés, des animaux et des plantes qui vivaient, lors de chaque période, dans les mers ou sur les continents. Les êtres marins ont laissé leurs coquilles sur le fond des océans, où la vase les a peu à peu

recouvertes ; les autres ont pu nous être con-
servés lorsqu'après la mort des animaux
leurs débris ont été entraînés dans les lacs, où
ils se sont déposés au milieu des alluvions.

L'étude de ces précieux débris, objet de la
science spéciale qu'on appelle la paléonto-
logie, nous apprend qu'au début, sur la terre
encore peu stable, et enveloppée d'une
atmosphère irrespirable, n'y laissant arriver
qu'une lumière diffuse, il n'existait que de
rares végétaux, sans aucun animal à respira-
tion aérienne. En même temps, les mers,
assez richement peuplées d'êtres inférieurs
et de mollusques, ne nourrissaient pas d'organismes plus élevés que des poissons.
Encore ceux-ci avaient-ils une constitution
étrange, plusieurs d'entre eux étant adaptés
à une interruption momentanée du régime
marin, comme si l'instabilité des rivages eût
alors rendu cette précaution nécessaire. Sur
les plages fourmillaient des crustacés d'un
type spécial, destiné à s'éteindre bientôt.
Enfin, parmi les mollusques, commençait à
s'épanouir la famille des céphalopodes à
cloisons, représentée par les précurseurs de
ces ammonites, qui allaient prendre tant
d'importance dans les mers vers le milieu des
temps géologiques.

Durant cette longue suite d'événements, qu'on a l'habitude de désigner sous le nom d'*ère primaire*, les traces de la vie continentale ont fait défaut, ou du moins, si elles ont existé, ne nous ont pas été conservées. Mais, vers la fin de la période, un jour vint où les parties les plus basses des continents, désormais pourvues d'une meilleure assiette, se virent envahies par de véritables fourrés d'une végétation luxuriante, la même sur toute l'étendue du globe, et exclusivement composée de types tropicaux, où les caractères des cryptogames, équisétacées et fougères, se mêlaient d'une manière étrange à ceux des gymnospermes, notamment des cycadées. A ce moment apparurent, non de véritables reptiles, mais des amphibies, c'est-à-dire des êtres organisés pour vivre tour à tour à l'air libre et dans l'eau. Autour d'eux voltigeaient, comme nous l'ont appris les trouvailles de Commentry, de grands insectes, appartenant à des familles dont les congénères actuels sont connus pour rechercher l'ombre et l'humidité. Parmi les espèces végétales, abondantes en lycopodes, en prêles, en fougères et en cycadées, il n'existait ni plantes pourvues de fleurs brillantes comme celles du temps présent, ni arbres à feuilles

caduques et à zones annuelles d'accroissement, ce qui prouve que les saisons n'é-
taient pas distinctes, la végétation gardant
toute l'année la même puissance.

Mais bientôt l'atmosphère se purifie, grâce
à cette flore exubérante qui, au lieu de
pourrir à l'air, se voit périodiquement enfouie
sous des sédiments où elle deviendra du charbon de terre. Au sein de l'air ainsi purifié, les
véritables reptiles apparaissent enfin, témoi-
gnant, par leur universelle dispersion sur les
continents, que la température est partout
assez clémente pour assurer l'existence d'animaux dits à sang froid, parce que leur chaleur propre ne diffère pas de celle du milieu
ambiant. Pendant ce temps, les bras de mer
se tapissent d'importantes masses calcaires,
entièrement formées de menus organismes,
et dont le durcissement progressif engen-
drera des marbres aux couleurs variées.

Un peu plus tard commencent à se montrer
les premiers oiseaux, encore très primitifs et
bien voisins des reptiles, dont ils conservent
quelque temps la dentition. Plus tard encore,
ce sont les vestiges d'une flore nouvelle, com-
prenant, avec des conifères et des cycadées,
les premiers représentants de ce que les
botanistes appellent les dicotylédones angio-

spermes, famille à laquelle appartiennent de
nos jours toutes les plantes à fleurs brillam-
ment colorées et les arbres à feuilles caduques. C'est évidemment la preuve que le
jeu des saisons commence à se manifester,
en même temps que le soleil, moins dilaté
mais plus brillant, darde des rayons qui
facilitent la production des couleurs vives.
Pourtant nos régions des latitudes moyennes
jouissent encore d'un régime tropical, et
tout autour des îles dont se compose alors
l'Europe, réduite à la condition d'archipel,
l'activité des coraux se donne carrière, édi-
fiant de belles assises calcaires, auxquelles
font cortège à distance des couches de vase,
de marne à ciment et de grès. Pendant ce
temps, les céphalopodes de la famille des
ammonites pullulent dans toutes les mers.

Enfin un jour arrive où la végétation de la
terre ferme, se rapprochant de plus en plus
de la nôtre, mais sans perdre tout à fait ses
affinités tropicales, devient d'une richesse
extrême, en même temps que le relief de la
terre ferme se complique par de puissantes
dislocations. C'est le moment où les mam-
mifères vont prendre un essor subit, d'autant
plus remarquable qu'il a été plus longtemps
paralysé. Ces animaux s'étaient montrés,

pour la première fois, un peu après l'épanouissement des reptiles, mais seulement
sous la forme de petits êtres, insectivores ou
rongeurs de la taille d'un rat ; et, depuis ce
moment ils n'avaient fait aucun progrès,
comme s'ils eussent été frappés, dès leur
naissance, d'une sorte d'arrêt de développement.

Mais voici que la différenciation, chaque
jour plus avancée, des conditions physiques
à la surface, en même temps qu'elle rend de
plus en plus précaire l'existence des reptiles,
vient donner un avantage marqué aux mam-
mifères ; car ceux-ci sont organisés de manière à fabriquer eux-mêmes, dans leur inté-
rieur, une chaleur sensiblement plus forte
que celle du milieu environnant, ce qui, joint
à la rapidité de leurs mouvements, les met
en mesure d'affronter des variations de cli-
mats pour lesquelles les lourds et froids reptiles ne sont pas faits. Les pachydermes d'a-
bord, puis les ruminants et autres herbivores,
se multiplient sur notre sol. D'immenses
troupes d'antilopes, de gazelles, de girafes
prennent leurs ébats dans les régions médi-
terranéennes, et préparent l'avènement des
éléphants.

A ce moment, les Alpes viennent de surgir,

sur un emplacement longtemps occupé par
la mer, et avec êlles se sont dressés les Pyré-
nées, l'Atlas, l'Himalaya, les Cordillères
américaines. Les grands changements géo-
graphiques qui en résultent provoquent dans
les hautes latitudes d'abondantes chutes de
neige qui, trouvant à s'emmagasiner dans le
cœur des massifs montagneux de récente
formation, donnent naissance à d'immenses
glaciers. Ceux-ci, tantôt avançant, tantôt recu-
lant, broient impitoyablement le sol sur leur
passage, en triturent les éléments, les disper-
sent tout à l'entour, sur les vallées élargies, à
l'aide des eaux engendrées par leur fusion
et préparent ainsi un limon tout prêt à ré-
compenser le facile travail du laboureur.
L'homme peut venir ; la terre est mûre pour
le recevoir. La création des vertébrés avait
commencé par les poissons, ces êtres infimes
que le contact de l'air fait mourir, et chez qui
la ligne des yeux est condamnée à ne pas
sortir du plan horizontal où est couché l'axe
du corps. Elle s'achève par l'apparition du
seul mammifère dont la station soit absolument verticale, et dont le visage soit fait pour
regarder en face, en respirant à pleins pou-
mons, le Ciel où sa destinée l'appelle.

Que de choses, d'ailleurs, en outre de celles

qui viennent d'être décrites, ont accompagné les longs préliminaires de cet événement final ! Tandis que la surface granitique infertile diminuait peu à peu d'étendue, combien d'anciens sédiments marins ont été tour à tour changés en roches dures, et incorporés à la terre ferme par des mouvements dont chacun devait être marqué par des dislocations et et des tremblements de terre ! Ici des couches de sable, devenues des bancs de grès ; là des accumulations de vases, changées en argiles plastiques, ou durcies et comprimées au point d'en faire des ardoises ; ailleurs, des amas de sel ou de pierre à plâtre, engendrés par l'évaporation d'anciennes lagunes, et tant d'autres produits dont profitera l'industrie !

Ce n'est pas tout : chaque période de déformation de l'écorce a coïncidé avec des épanchements volcaniques. Non seulement ceux-ci ont amené à la surface des masses précieuses pour les constructions, comme les trachytes d'Auvergne et les basaltes. Mais toute manifestation de l'activité éruptive a été accompagnée par la sortie d'émanations, pareilles à ces fumerolles légères qu'on voit se dégager de la lave du Vésuve ou de l'Etna ; ou encore d'émissions thermales, comme ces sources bienfaisantes auxquelles un si grand nombre

d'entre nous vont aujourd'hui demander la
guérison de leurs misères physiques. Mais,
s'il n'y avait pas alors d'êtres humains pour
mettre à profit la vertu curative de ces émanations, il s'en faut que leur action se soit exer-
cée en pure perte ; car chaque émission
a eu pour effet de faire circuler, dans les
crevasses du sol au voisinage des volcans,
toutes sortes de dissolutions métalliques et
de vapeurs.

De nos jours, autour des volcans actifs, il
n'est pas rare de rencontrer des *solfatares*,
c'est-à-dire des jets de vapeur ou d'eau
chaude, où domine l'odeur du soufre. En
recueillant les produits qui s'y déposent, ou
en examinant les canaux par où se fait leur
ascension, on constate que toutes ces émanations entraînent avec elles des sulfures, parfois des chlorures, c'est-à-dire des combinai-
sons de soufre ou de chlore avec divers
métaux, et ce sont ces sulfures qui, se décom-
posant à l'air, dégagent les gaz sulfurés, si
reconnaissables à leur odeur. Du même coup
les métaux se déposent, soit à l'état libre, soit
en demeurant combinés avec le soufre. Parfois ils s'oxydent, comme ces cristaux miroi-
tants et ces lamelles éclatantes de fer spécu-
laire, qu'engendre, dans certaines fissures

volcaniques, l'action mutuelle des sels de fer et de la vapeur d'eau.

Ces réactions ont eu lieu de tout temps, et spécialement à la suite des grands paroxysmes éruptifs, dont elles représentent le cortège nécessaire. La circulation prolongée des émanations, dans les fissures des roches, a eu pour effet de tapisser les parois de ces dernières d'un mélange de matières pierreuses et de substances métalliques, constituant ce qu'on appelle le remplissage des *filons métallifères.*

C'est ainsi que se sont amassés, en diverses régions, tant de trésors de minerais, d'où les premières générations humaines n'ont pas tardé à savoir extraire les métaux. Par surcroît, en vertu d'une disposition qu'on ne peut qu'admirer profondément, si, à la surface, l'action de l'air et de la pluie devait avoir pour résultat de salir, en l'oxydant, la partie supérieure des filons, en revanche, au contact de cette dernière avec la zone profonde inaltérée, une série de phénomènes chimiques intéressants déterminaient le remarquable enrichissement en métaux précieux qui caractérise d'habitude cette *zone de cémentation.*

Ainsi l'activité volcanique, si terrifiante dans ses manifestations, doit revêtir à nos yeux un tout autre caractère, quand on envisage la part qu'elle a prise à la constitution de notre demeure. Sans doute, quand il nous est donné d'être témoins de cataclysmes, comme ceux qui à tant de reprises, ont ravagé les Indes orientales et le Japon, ou comme celui qui, en 1902, entraîna la ruine instantanée de Saint-Pierre à la Martinique, ou encore comme cette éruption d'avril 1906, qui excita autour de Naples tant d'émotion, on peut se croire, au premier moment, fondé à maudire l'apparente sauvagerie des forces de la nature. Quelle autre impression ressentir, devant cette lave qui s'avance, impitoyable, ravageant les vergers et détruisant les habitations, ou devant ces nuées formidables, auxquelles un petit nombre de minutes suffit pour coucher par terre trente mille victimes ? Le même sentiment n'est-il pas justifiable, lorsqu'une opulente cité de trois cent mille habitants subit, en quelques secondes, une destruction telle, par l'effet d'un tremblement de terre, que les deux tiers de sa population se trouvent sans abri, les pertes subies se chiffrant par centaines de millions ?

Cela est vrai ; mais la justice oblige à reconnaître que, le plus souvent, ces désastres n'atteignent que des régions où il a fallu à

l'homme quelque témérité pour espérer d'y
fonder une installation durable. Il a cru pouvoir braver un fléau dont les manifestations
étaient espacées, et la plupart du temps cette
hardiesse a été récompensée par de notables
profits. Comment se plaindre, le jour où la
nature reprend pour un moment des droits
qu'elle n'avait jamais abdiqués ?

Combien cette compensation apparaît plus
sensible encore, quand à la lumière de la
géologie, on reconnaît à quel degré les forces
volcaniques ont contribué à l'accroissement
et à l'amélioration du domaine continental !
Ici ce sont de grandes surfaces, peu à peu
conquises sur la mer par des accumulations
de laves et de tufs, où la conquête opérée sur
l'élément liquide se double du charme de
paysages incomparables, tel que celui de la
baie de Naples, ou du Fouzi-yama du Japon.
Ailleurs, ce sont des masses de produits
fertilisants versés sur la surface, et d'où la
culture saura tirer un profit bien supérieur
au dommage que leur chute aura pu causer.
Enfin combien de substances précieuses sont
venues du fond par cette voie, et où en serait
la civilisation, si les craquements de l'écorce
n'y avaient pas fait naître des fissures, et si
l'action solfatarienne ne s'était appliquée à

tapisser de minerais précieux les parois de
ces crevasses ?

D'autre part, les dislocations qui ont engen-
dré les chaînes de montagnes les plus récentes,
par cela seul qu'elles accentuaient le relief de
la terre ferme, ont extraordinairement com-
pliqué les rivages maritimes, notamment
ceux de la zone méditerranéenne. Le long de
ces côtes, si favorablement découpées de
manière à faciliter les communications d'une
plage à l'autre, sous l'influence d'une chaude
lumière et d'un climat délicieux, s'est cons-
titué un ensemble de circonstances, qui
explique suffisamment que ces régions pri-
vilégiées aient pu être le berceau de nos
civilisations occidentales.

Telle est, dans ses grands traits, ce qu'on
peut appeler l'histoire de l'édification de notre
demeure terrestre ; histoire d'une variété
infinie, pleine d'épisodes instructifs, où éclate
la poursuite constante d'un plan merveilleu-
sement conçu. En passant ces épisodes en
revue, on se rappelle involontairement l'excla-
mation du grand poète de Mantoue, lorsque,
racontant les péripéties endurées, des rivages
de Troie à ceux de l'Italie, par celui qui allait
jeter les fondements lointains de la famille
latine, il s'écrie : « *Tantæ molis erat roma-*

nam condere gentem ! » Il ne fallait pas moins de tout cela pour fonder la nation romaine !

A notre tour, après l'exposé des étapes, autrement nombreuses et variées, et singulièrement mieux ordonnées, que la terre a traversées depuis l'origine, nous pouvons aussi nous écrier : Il n'en fallait pas moins pour asseoir la demeure de cette humanité qui devait un jour prendre possession du globe, surtout la demeure destinée à voir s'accomplir un jour le grand acte de la Rédemption.

A la vérité, il est de mode aujourd'hui de traiter avec quelque dédain cette recherche des causes finales. Il ne manque pas de gens pour trouver que l'humanité se fait beaucoup d'honneur en imaginant qu'elle ait pu être, de la part de la Souveraine Puissance, l'objet d'une telle sollicitude. D'autres vont plus loin et déclarent chimériques ces notions d'ordre et d'harmonie, dont les manifestations nous ont paru si formelles. A les entendre, c'est notre esprit qui crée cet ordre, parce que cela lui est commode pour classer ses connaissances ; mais ils se feraient fort au besoin d'entreprendre la démonstration contraire, et de prendre à chaque instant la nature en flagrant délit de trouble et de con-

fusion ; ce qui fournit à quelques-uns d'entre
eux un prétexte pour cette contradiction, à
la fois étrange et lamentable, qui consiste à
montrer rageusement le poing à une Providence dont on nie l'existence !

Où conduisent de telles aberrations, nous
ne le voyons que trop aujourd'hui, dans ce
triste temps de dévergondage intellectuel et
moral. Aussi l'exemple d'un pareil aboutis-
sement, mieux que tous les raisonnements
philosophiques, devrait suffire à nous en pré-
server. Pour nous donc, qui avons la certi-
tude de ne pas nous être créés nous-mêmes,
il nous plaît d'apercevoir la volonté intelli-
gente qui a tout conduit ; et quand nous profitons si manifestement de tant de choses pré-
parées de longue date, ce n'est pas seulement
un besoin du cœur, c'est aussi une exigence
de notre raison, de voir clairement où doit
s'adresser la reconnaissance dont nous nous
sentons remplis.

La constitution des réserves d'énergie.

Ce n'est pas seulement dans les grandes
lignes de l'histoire terrestre, c'est aussi dans
les détails, qu'éclate cette prévoyance qui
s'impose à notre gratitude. A cet égard, un

des épisodes de l'évolution de notre globe se
montre particulièrement instructif ; il s'agit
de l'époque, remarquable entre toutes, où se
sont constituées les principales réserves de
charbon de terre, et qui, pour ce motif, a reçu
le nom d'époque *carbonifèrienne*.

Au moment où cette période s'est ouverte,
la terre ferme venait seulement de conquérir
son assiette. L'atmosphère était irrespirable,
comme le prouve l'absence de tout animal
supérieur en organisation aux amphibies.
Sans doute l'air était chargé de vapeurs
épaisses où dominait l'acide carbonique, et
le soleil, encore nébuleux, n'y laissait pénétrer que des rayons diffus. En revanche, ces
conditions étaient éminemment favorables au
développement d'une végétation de terres
basses et humides, qui pour la première fois
prend possession des continents.

Un large estuaire, dont on peut suivre
aujourd'hui les traces depuis le canal de
Bristol jusqu'à la Pologne, et qui ne devait
pas être sans analogie avec l'estuaire actuel
du fleuve des Amazones, verse dans une mer,
occupant l'emplacement de la Russie, les
eaux d'un fleuve, issu de la grande terre qui
émergeait alors à la place de l'Atlantique
septentrional. Sur les bords de l'estuaire

s'étendent d'immenses fourrés, où la végétation, quoique bien moins variée, fait preuve
d'une puissance extraordinaire et ne subit
jamais de temps d'arrêt. La famille de
l'humble lycopode y est représenté par des
arbres de 60 mètres de hauteur, aux feuilles
raides et piquantes, qu'entourent des prêles
gigantesques, et des fougères aux fruits de
cycadées, qui poussent des frondes de 8 à
10 mètres de long. C'est comme une vraie
débauche de vie, qui se manifeste dans ce
monde de plantes terrestres, auquel il est
enfin permis, pour la première fois, de
prendre son essor.

. Mais si cette végétation est franchement
tropicale, par sa nature comme par le climat
qui la favorise, il ne faut pas s'imaginer
qu'elle engendre quoi que ce soit de commun
avec l'exubérance organique des forêts équa-
toriales du monde actuel. Un morne silence
enveloppe les fourrés carbonifériens ; le
chant des oiseaux n'y retentit jamais, non
plus que le mugissement des fauves, et, soit
à cause de l'épaisseur de l'atmosphère, soit
parce que le soleil est encore à l'état de nébuleuse, la lumière n'éclaire pas franchement ces parages, où seuls les végétaux se
développent à profusion.

Mais à quoi va pouvoir servir cette merveil-
leuse activité du monde végétal ? Là où
l'homme fait défaut, le rôle des végétaux n'est
pas seulement d'ameublir la surface par le
travail de leurs racines ; il est surtout de
servir de nourriture aux herbivores, et de
fournir par le feuillage un abri aux oiseaux.
Mais ni les herbivores ni les oiseaux n'ont
encore paru ; notre terre est bien loin de pouvoir leur donner asile, et bien du temps s'écou-
lera avant qu'elle soit prête. Les forêts carboni-
fériennes vont-elles donc pourrir sur place,
restituant à l'atmosphère et au sol les éléments
qu'elles leur avaient emportés, c'est-à-dire le
carbone, l'hydrogène, l'oxygène et les rares
matières minérales qui accompagnent ces
substances dans les tissus végétaux ? Mais
alors ce va-et-vient se sera opéré en pure perte,
et toute l'énergie, calorifique ou lumineuse,
qui a été dépensée pour la croissance des
plantes, n'aura servi à rien ? L'atmosphère se
retrouvera telle qu'elle était auparavant, et
tant de travail employé s'évanouira en gaz
inertes comme devant ?

La croissance des plantes aura été employée
en pure perte ?

Un tel gaspillage ne rentre pas dans les des-
seins de la Suprême Sagesse, et les choses vont

être combinées de telle façon qu'il en résulte à la fois la purification de l'atmosphère et la mise en réserve de toute l'énergie accumulée dans les végétaux.

D'abord, sous l'influence même des conditions climatériques de l'époque, des myriades de microbes pullulent dans les marécages forestiers, et font subir aux débris végétaux, tombés au fur et à mesure de la mort des plantes, une macération d'un genre spécial. Préservés, par l'eau qui les imbibe, d'une décomposition complète, ces débris s'enrichissent en carbone et en hydrogène, produits combustibles par excellence, et prennent bientôt une constitution chimique identique avec celle de la houille ou charbon de terre.

Seulement, cette transformation une fois accomplie, par la bienfaisante intervention des microbes, il serait infiniment dangereux que le produit demeurât au voisinage de la surface, où la moindre exposition à l'air le décomposerait. Mais voici que, périodiquement, des pluies violentes s'abattent sur les forêts, et entraînent dans la vallée, aussi bien la bouillie végétale macérée que les plantes encore vivantes et même le sol qui les portait. Si, par un privilége extraordinaire, quelqu'un de nous assistait à cette opération, sans doute

son premier mouvement serait de déplorer
cette destruction violente de tant de richesses,
etc'est avec un serrement de cœur qu'il verrait
défiler devant lui, emportées par la tourmente,
ces masses de végétaux dont la croissance
représente une si grande somme d'activité. Et
quand, après la tempête, il retrouverait, profondément ravinées, les pentes dont la végétation formait la parure, il se demanderait
peut-être comment la notion d'un Dieu infiniment sage peut se concilier avec un anéantis-
sement d'apparence aussi brutale.

Dans le cas où ces réflexions viendraient à
l'esprit de ceux d'entre nous qui peuvent être
les témoins ou parfois les victimes des oura-
gans ou des cyclones, qu'ils suspendent au
moins leur jugement, par la considération des
avantages que le jeu de ces phénomènes a pu
nous ménager dans le passé, et spécialement
à l'époque dont nous nous occupons en ce
moment. En effet, suivons, dans son parcours,
cette avalanche qui vient déboucher dans le
grand estuaire, et dans laquelle, au début,
tous les matériaux transportés se confondent
en un seul flot tumultueux.

Dans cette alluvion qui chemine, il y a de
tout : des pierres, du sable, de la boue, et
surtout cette *purée* ou *bouillie végétale*,

comme on l'a justement nommée, qui macé-
rait sur le sol humide des forêts, en y for-
mant, vu l'extraordinaire puissance de la
végétation, une épaisse couche d'humus en
pleine décomposition. Il y a enfin les végétaux,
enlevés en pleine croissance par la violence
du courant, c'est-à-dire les tiges d'arbres et
surtout les frondes de fougères.

Une fois arrivée dans l'eau tranquille de
l'estuaire, l'alluvion y subit un classement
par ordre de densités. Les pierrailles et la
vase gagnent le fond, laissant au-dessus d'elle
la purée végétale, cette dernière recouverte
par ce qu'il y a de plus léger, c'est-à-dire les
frondes et les branches brisées avec leurs
feuilles. Si le classement dans l'eau tranquille
devait se prolonger, cette dernière partie du
contingent d'alluvions finirait par se dégager
de la bouillie qui l'enserre et surnagerait à la
surface du fleuve, comme si souvent on le voit
dans les accumulations de végétaux flottés
qui encombrent le cours des grandes rivières
africaines.

Mais avant que cet effet ait pu se produire,
une nouvelle inondation survient, qui enfouit
l'alluvion précédente sous une autre couche
vaseuse, par laquelle elle est pour toujours
emprisonnée. Or non seulement l'estuaire est

profond, ce qui permet au phénomène de se
répéter plusieurs fois ; mais il tend sans cesse
à s'approfondir. En effet, ce n'est pas au
hasard que le grand cours d'eau venant de la
terre atlantique a ici établi son lit. Il s'est
tout naturellement logé dans une longue
dépression persistante, laquelle accuse, sur
cette direction, une partie faible de l'écorce terrestre. La cause qui a créé ce pli concave agis-
sant toujours, le fond de l'estuaire descend à
mesure qu'il se comble ; de sorte qu'à la
longue, de nombreux lits de détritus, tour à
tour minéraux et végétaux, peuvent s'accumuler au même point sur des milliers de
mètres d'épaisseur.

Ainsi entassées, ces couches successives
subissent, par l'effet de leur poids, une compression qui en réduit momentanément l'é-
paisseur, en même temps qu'elle suffit à en
expulser l'eau dont elles étaient imbibées. De
cette façon les lits de purée végétale macérée,
dont la composition chimique, nous l'avons
dit, est déjà celle du charbon de terre, éprou-
vent une transformation physique qui en fait
des veines de houille stratifiée ; et chacune de
ces veines tient en réserve, au profit de l'industrie qui saura l'extraire un jour, toute
l'énergie solaire dépensée pour la croissance

des végétaux d'où elle dérive, énergie qui,
sans cet emmagasinement, eût été totalement
perdue.

Par la compression qui lui a été infligée,
cette provision de puissance se trouve désormais enfermée dans le moindre espace qu'elle
puisse occuper ; si bien que, par analogie
avec ces comprimés de substances alimen-
taires, où l'on parvient à condenser en une
menue tablette de quoi faire un bouillon ou
tout autre mets, on pourrait donner au produit minéral ainsi obtenu le nom de *comprimé
d'énergie*.

D'ailleurs cette fabrication, si l'on ose se
se servir de ce mot, comporte de nombreuses
variétés. Il n'est pas indifférent que les détritus végétaux soient composés de feuilles
plutôt que de fragments de tiges ou de fruits.
Le produit final variera nécessairement sui-
vant que les matériaux qui lui ont donné
naissance étaient plus ou moins riches en
principes gras et féculents. Enfin la façon
dont s'est faite la macération, le départ, plus
ou moins complet, de quelques-uns des gaz
auxquels la réaction chimique donnait naissance, motiveront de grandes inégalités dans
la nature des houilles. Les unes seront riches
en produits bitumeux et donneront un bon

coke par carbonisation. D'autres seront riches
en gaz éclairants, ou brûleront avec une longue flamme, qui les rendra précieuses pour
la métallurgie ; d'autres enfin, les anthracites,
seront si bien enrichies en carbone et appau-
vries en carbures d'hydrogène, qu'elles
deviendront particulièrement propres au
chauffage des appartements ou à la cuisson
de la chaux. Dans un même endroit, plusieurs
de ces variétés pourront se trouver réunies
à diverses profondeurs, selon l'origine et la
nature de l'inondation qui amenait les débris.

C'est ainsi que se sont constitués les grands
bassins houillers, par exemple ce riche bassin
de Westphalie, où, pour une épaisseur totale
de 2.500 à 3.000 mètres, on ne compte pas
moins de 75 mètres de charbon de terre,
répartis entre 90 couches exploitables, que
séparent des assises de schiste, c'est-à-dire de
vase durcie, et de grès, autrement dit de sable
aggloméré. Parfois, dans des intervalles stériles, un *conglomérat*, c'est-à-dire une couche
de cailloux roulés, réunis par un ciment,
atteste une inondation plus violente que les
autres, qui a réussi à entraîner des matériaux
grossiers dans cet estuaire où, d'habitude,
ne parvenaient que des sédiments fins. Au
contraire, dans d'autres bassins houillers, qui

ont rempli des dépressions plus restreintes, dont les bords étaient plus accidentés, les couches à gros éléments sont la règle, et les veines de charbon, parfois très épaisses, ont, d'un point à l'autre, des variations d'épaisseur inconnues dans les grands bassins du nord.

Mais bornons-nous à considérer ces derniers, où se trouve concentrée presque toute la richesse houillère de l'Europe ; nous y remarquerons une particularité digne de toute notre admiration. Si les couches de charbon étaient trop épaisses, l'exploitation en serait difficile et, de quelque façon qu'on s'y prît, entraînerait dans la masse des détériorations funestes. L'obligation d'établir les galeries dans l'épaisseur même de la houille serait préjudiciable à la bonne conservation de la partie inférieure de cette dernière, abîmée par un piétinement continuel ; et si l'on voulait commencer l'attaque par le bas, toute la portion supérieure éprouverait des tassements, susceptibles d'y ouvrir de nombreuses fissures et d'y allumer des incendies. Enfin si les veines exploitables étaient trop voisines, les vides produits par l'enlèvement de l'une d'elles, même avec un remblayage soigné, provoqueraient dans le terrain des mouvements qui disloqueraient les couches supérieures et pourraient les rendre inutilisables.

Or, comme si tout cela avait été prévu, il arrive que, dans des grands bassins houillers, la plupart des veines ont juste l'épaisseur, comprise entre 70 centimètres et 1 m. 20, qui rend leur extraction profitable, en permettant d'asseoir les galeries sur le roc sous-jacent ou *mur*, tandis que l'espace nécessaire au logement des bois qui réuniront deux étais conjugués est pris dans la roche supérieure ou *toit* de la veine. En même temps, l'importance des intervalles stériles ou *stampes* qui les séparent, intervalles habituellement compris entre 30 et 50 mètres, donne, pour l'exploitation simultanée de plusieurs couches par un même puits, une garantie suffisante.

Mais, dira-t-on, l'humanité ne s'identifie pas avec l'Europe, et les faveurs accordées à cette si petite partie du monde sembleraient témoigner d'une rare partialité envers ses habitants. A cela il serait permis de répondre que la part prise par l'Europe au développement de la civilisation, comme au mouvement des idées, a été assez prépondérante, pour qu'une telle faveur ne parût pas injustifiable. Cependant nous n'aurons même pas besoin de recourir à cet argument ; car l'Amérique, qui semble destinée désormais à supplanter

le vieux monde dans les initiatives hardies, a
vu se dérouler sur son sol, à la même époque,
la même histoire que l'Europe, mais sur des
proportions infiniment plus grandioses.

Juste à l'époque où se remplissait l'estuaire
européen, et de l'autre côté de la même terre
atlantique, des golfes profonds, et également
instables, situés sur l'emplacement de la
Pensylvanie, de l'Ohio, de l'Illinois, etc., se
comblaient par une succession de dépôts
houillers. Ces dépôts étaient opérés par l'enfouissement d'une végétation en tout sem-
blable à celle de l'Europe carbonifériennne.
Seulement il était dans la destinée de l'Amérique, comme pour la dédommager de sa tar-
dive expansion, que tout y fût conçu dans des
proportions extraordinaires. Aussi l'étendue
et la puissance totale de veines de charbon,
aux Etats-Unis, dépassent-elles incompara-
blement ce que possède la vieille Europe. Il
suffit de citer la célèbre couche de Pittsburg,
qui, avec une puissance toujours comprise
entre 1 et 3 mètres, couvre, sans cesser
d'offrir une régularité remarquable, un territoire de 58.000 kilomètres carrés, soit l'étendue d'une dizaine de départements français.
De plus, l'affleurement de la veine suit, sur
une très grande longueur, le cours d'une

importante rivière, le Monongahela, ce qui donne pour l'exploitation des facilités exceptionnelles. Ainsi, dans la création des réserves d'énergie, le nouveau monde, loin d'avoir été oublié, s'est vu traiter au contraire avec une extrême libéralité. Ce n'est donc pas à une fraction privilégiée de l'humanité, mais aux deux centres principaux de la civilisation à venir, que s'adressait cet acte providentiel.

Un jour, devant une assemblée d'ingénieurs et de géologues, on agitait la question de l'épuisement probable des mines de charbon ; question grave, qui se pose avec urgence, quand, la statistique en mains, on constate le vertigineux accroissement de la consommation houillère depuis le milieu du dix-huitième siècle. Si cette progression devait se poursuivre, et quelque secours supplémentaire que puissent fournir, soit le pétrole, soit la houille blanche, ce serait tout au plus par centaines d'années que devrait se compter l'avenir de beaucoup de grands bassins en Europe.

Un de ceux qui prenaient part à la discussion se montrait assez indifférent à cette éventualité, persuadé, affirmait-il, que d'ici là, la science aurait découvert le moyen de « mettre le soleil en bouteilles ».

Il y avait là quelque naïveté ; car la chaleur du soleil n'est nullement perdue ; c'est elle qui entretient à la surface tout le jeu des phénomènes physiques, et si on voulait la détourner pour un autre objet, ce serait à coup sûr, au détriment de quelqu'une des conditions sur lesquelles est fondé l'équilibre actuel. Mais en admettant même qu'une portion de la chaleur solaire pût être un peu mieux utilisée, proposer de la « mettre en bouteilles », c'est oublier que depuis longtemps, l'opération a été accomplie de main de maître ; car précisément la croissance, la décomposition et l'enfouissement de la végétation houillère ont réalisé, dans les conditions les plus parfaites, le desideratum formulé. C'est bien l'effet des rayons solaires qui a été sinon embouteillé, du moins enfermé dans les *comprimés d'énergie* dont la formation a été précédemment décrite. Enfin cette opération s'est accomplie juste à l'époque où elle devait avoir le maximun d'effet utile, puisque, d'une part, la végétation ne devait jamais retrouver une pareille puissance, et que, d'un autre côté, ce splendide épanouissement du monde des plantes était sans utilité pour le monde organique d'alors.

Mais il y a mieux ! le divin tonnelier ne

s'est pas contenté d'une « mise en bouteilles ».
En ce qui concerne notre Europe, dont les
ressources houillières, moins abondantes,
avaient besoin d'être protégées, sa sollicitude
a su joindre ce que nous nous permettrons
d'appeler une « mise en caves » extraordinairement savante.

Les veines de houille, distribuées au sein
des assises d'argile ou de grès déposées
avec elles, couraient encore un risque très
grave : celui de voir les terrains garnissant
l'estuaire subir quelque jour un relèvement,
qui les incorporerait définitivement au domaine continental. Alors ces terrains se
seraient trouvés exposés à l'action normale
de l'air, de la pluie et des eaux courantes, qui
en auraient peu à peu dispersé les éléments ;
auquel cas toute la prévoyance déjà dépensée
serait devenue illusoire. Que fallait-il pour
éviter ce danger ? Enfouir les précieuses
richesses accumulées sous quelque couverture protectrice. C'est justement ce qui s'est
fait.

Le phénomène d'affaissement graduel, qui
avait permis l'approfondissement progressif
de l'estuaire et son comblement par des
dépôts épais, n'était que le lent prélude d'une
de ces ruptures d'équilibre, que certaines

parties de l'écorce terrestre ont si souvent
traversées. Le bord méridional de la dépression commençait à ressentir les effets d'une
poussée venant du sud, qui tendait à le ren-
verser sur le remplissage encore plastique.
Les dépôts de ce dernier se ployaient sous
cette influence, afin d'occuper un moindre
espace. Un jour la poussée devint si éner-
gique, que tous les terrains de la bordure du
midi, eux-mêmes plissés en bourrelets
comme ceux qu'ils comprimaient, se trou-
vèrent violemment refoulés par-dessus l'ancienne dépression.

Par suite, à la place même où celle-ci avait
existé, une chaîne de montagnes se dressa,
formée par des milliers de mètres de roches,
sous lesquelles les veines de houille furent
ainsi soigneusement ensevelies. Avant donc
que l'érosion, à laquelle tout dépôt continental
est inévitablement condamné, fût en mesure
d'atteindre la précieuse réserve, il faudrait
qu'elle eût, au préalable, débité et dispersé
toute la masse de la montagne, ce qui garan-
tissait à la houille des millions d'années de
sécurité.

Cependant Celui qui n'a pas eu de com-
mencement et qui n'aura pas de fin se joue
des millions d'années comme nous nous

jouons des jours et des heures. Il n'y a pas
de relief, si puissant qu'il soit, auquel on ne
puisse prédire une disparition certaine ; et
pour ceux qui savent déchiffrer les hiéroglyphes de l'écorce terrestre, les traces abondent
d'anciennes chaînes de montagnes, qui au
début devaient être aussi hautes que les Alpes,
et ont été depuis lors rabotées jusqu'à leurs
racines. Pareil sort attendait, à une échéance
plus où moins lointaine, cette chaîne *her-
cynienne* évoquée par les géologues, et qui, à
la fin des temps carbonifériens, s'était si fière-
ment dressée de la Bretagne à la Bohême.

De fait, cette destinée s'est accomplie, et
un jour est venu où, sur son emplacement, il
ne s'est plus trouvé qu'une surface presque
entièrement aplanie, à un niveau peu différent
de celui de la mer, ce qui allait, en mettant à
découvert le précieux trésor sous-jacent, l'ex-
poser de nouveau à la ruine.

Or, juste à ce moment, voici que la contrée
s'affaisse lentement. La mer revient, sans
trouble ni secousses, recouvre la totalité du
territoire menacé, et y dépose, là quelques
dizaines, là des centaines de mètres de dépôts
crayeux, argileux ou sableux. C'est un renou-
veau de protection encore assurée pour de
longs siècles, d'autant mieux qu'une partie

du terrain houiller a été ainsi amenée au-dessous de ce niveau de la mer, où s'arrête
nécessairement toute érosion.

Plus tard, quand pour atteindre le trésor
noir, si justement qualifié de pain quotidien
de l'industrie, le mineur sera obligé de creuser, à travers les *morts-terrains* de la surface,
des puits coûteux et difficiles, qu'il ne com-
mette pas l'injustice de s'en plaindre ! car
c'est à cette couverture stérile qu'il doit de
retrouver intact l'objet de ses convoitises !
Que plutôt il admire cette série d'événements
providentiels, et notamment cette dernière
immersion du territoire, si nécessaire pour
rendre l'exploitation possible, et survenue
juste à temps pour que l'érosion qui en serait
la suite ne pût enlever la totalité du manteau
protecteur !

A la vérité, parmi tant de péripéties, le trésor noir aura pu subir quelques dommages
de détail. Ici les couches se seront reployées
en zigzags, qui en compliqueront quelque
peu l'exploitation. Là elles auront été affectées
par des cassures brusques, qui interrom-
pront la continuité des veines, de sorte qu'il
faudra quelque habileté pour les retrouver,
de l'autre côté de la faille, à un niveau différent. Mais, à les considérer de haut, ces

menus accidents doivent apparaître comme
la simple rançon de la série des phénomènes
conservateurs, auxquels les riches gisements
de l'Europe doivent d'avoir pu arriver jusqu'à
nous. Même, ne devait-on pas bénir d'une
façon particulière la circonstance qui, en les
dérobant longtemps aux regards de l'homme,
a empêché le gaspillage dont ils auraient pu
être l'objet, si on avait connu plus tôt leur
existence, à l'époque où l'outillage industriel
n'était pas de force à en assurer l'exploitation
régulière ?

Demeurons sous l'impression de cet exemple, et concluons qu'à moins de nier l'existence d'un Créateur Tout-Puissant et infiniment Intelligent, il est impossible de mécon-
naître la sollicitude qui a présidé à la lente et
méthodique édification de notre demeure
terrestre. Puisse cette conviction aviver en
nous les sentiments de reconnaissance qui
doivent nous pénétrer, et nous disposer du
même coup à apporter le plus possible de
mesure et de sagesse dans la mise à profit
des richesses que la Providence s'est plu
à accumuler pour notre usage, dans le sein
de la terre qui nous porte !

1267-06. — imp. des Orph.-Appr., F. Blétit, 40, r. La Fontaine, Paris.

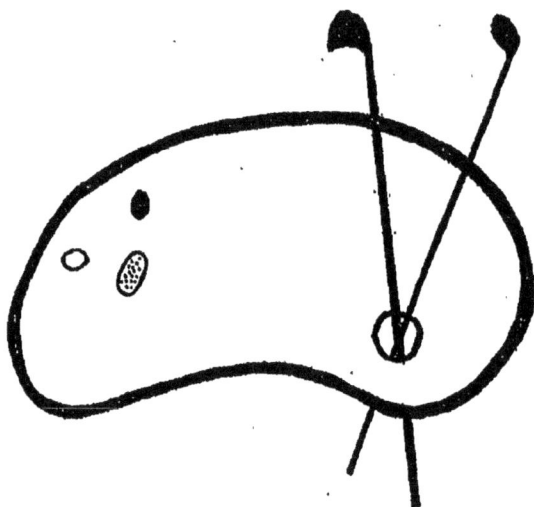

ORIGINAL EN COULEUR
NF Z 43-120-8

www.ingramcontent.com/pod-product-compliance
Lightning Source LLC
LaVergne TN
LVHW022024080426
835513LV00009B/868